"Fonds de tiroirs"

Bien s'exercer à lire :

• Des **textes écrits en gros caractères** pour faciliter la lecture et la compréhension

• Des **codes couleur** pour attirer l'attention de l'enfant sur certaines difficultés du français écrit.

Lettres en **vert** : représentent le changement de prononciation des lettres « c », « g » et « s »

Groupes de lettres en **orange** : représentent les différentes manières d'orthographier un même phonème (ex : /o /= au, eau)

Le gulu, quant à lui,
a naturellement apporté
un gros gâteau. Il le
à Madame i en lui disant
—Un repas sans dessert
comme un jour sans soleil !
Madame i lui rétorque :
—Mais qui t'a dit qu'il n'y
avait pas de dessert ?
Le gulu ne répond rien,
mais il se dit :
« Ah, ah ! il y aura donc deux
desserts ! J'ai bien fait
de venir ! »

6

7

La collection "**Plaisir de lire !**"

Petit Malin ouvre
sa garde-robe : tous ses
vêtements sont usés !
Comment va-t-il
s'habiller ?

Il doit rapidement
s'acheter des pantalons
et des pulls neufs !

Il ouvre sa tirelire : il n'a plus un centime. Même pas de quoi s'acheter une paire de chaussettes en solde.

Soldé

Il est complètement
dépité...
Le gulu le regarde mais
il ne sait pas comment
l'aider.

Petit Malin est parti
dans sa chambre à coucher.
Le gulu se retrouve
tout seul.
Il n'est pas fatigué du tout !

Il réfléchit.
Il n'a pas d'argent
à donner à Petit Malin
mais il a des idées !

Le matin suivant,
Petit Malin court à l'école.
Il est très en retard
car il a mal dormi.

Le gulu reste à la maison.
Il scrute attentivement
le mobilier du salon :
le lustre, le canapé en cuir
blanc...

…la table basse en acajou,
le splendide tapis chinois…
Il dresse l'inventaire
de tous les objets
intéressants.

Puis, il allume l'ordinateur
et se rend sur un site
internet spécialisé
dans la vente à bas prix.
Ce site permet de brader
tout ce que l'on veut.

BRADERIE

Petit Malin sera enchanté !
Il va ainsi obtenir l'argent nécessaire pour se refaire une nouvelle garde-robe !

22

Le gulu est en contact avec une dame qui paraît très intéressée par ses offres :

BRADERIE
BRADERIE
OFFRE

splendide tapis chinois en excellent état: trente euros, beau canapé en cuir trois places : cinquante euros, table basse en acajou : treize euros…

50€
30€
13€

La dame arrive immédiatement parce qu'elle est très pressée. Elle est même venue avec un camion.

LOCA RAPIDE

Le gulu lui présente
toutes les affaires inscrites
sur sa liste.
– C'est d'accord, dit
la dame. Je prends tout.
Et comme c'est urgent, je
les emporte sur-le-champ.

La dame et le gulu
sortent tous les meubles
de la maison et les chargent
dans le camion.

Ensuite, la dame sort l'argent de son sac et remet la somme convenue au gulu.

LOCA RAPIDE
www.planete-alphas.net

Au moment où Petit Malin sort de l'école, il tombe sur le gulu qui est venu le chercher.

Surpris, il constate que le gulu semble très euphorique.

– Que t'arrive-t-il ? demande Petit Malin.

– Voilà l'argent pour te racheter des vêtements ! Le gulu lui remet les quelques billets de vingt euros qu'il a reçus de la dame.

www.planete-alphas.net

– Mais où as-tu trouvé cet argent ? questionne Petit Malin.

– T'occupe pas, lui répond le gulu.

En arrivant devant la porte, le gulu répète :
– Tu vas enfin pouvoir acquérir les habits dont tu rêvais !

Très intrigué, Petit Malin pénètre dans le corridor et arrive dans le salon…

vide !!!

À découvrir dans cette même collection :

Un parking de rêve

Bulles gourmandes

Gâteau surprise

RécrÉalire Éditions
310, impasse de la Tuilerie
74410 SAINT - JORIOZ - FRANCE
Tél. : 04 50 32 92 60
Fax : 04 50 32 99 86
www.lesalphas.net